CHRISTMAS ACTIVITIES BOOK
For Kids

This Book Belongs To

_____

_____

Counting Numbers from 1 to 10

Fill in the missing numbers and help Momo the monkey to go up and down the ladder

Counting Numbers from 10 to 20

Fill in the missing numbers and help Momo the monkey to go up and down the ladder

Counting Numbers from 20 to 30

Fill in the missing numbers and help Momo the monkey to go up and down the ladder

Left ladder (top to bottom):
- [ ]
- [ ]
- 28
- [ ]
- [ ]
- 25
- [ ]
- 23
- [ ]
- 21

Right ladder (top to bottom):
- 30
- [ ]
- [ ]
- [ ]
- [ ]
- [ ]
- [ ]
- [ ]
- [ ]

Counting Numbers from 30 to 40

Fill in the missing numbers and help Momo the monkey to go up and down the ladder

Counting Numbers from 40 to 50

Fill in the missing numbers and help Momo the monkey to go up and down the ladder

Ladder 1 (bottom to top): 41, [ ], 43, [ ], 45, [ ], [ ], 48, [ ], [ ]

Ladder 2 (bottom to top): [ ], [ ], [ ], [ ], [ ], [ ], [ ], [ ], 50

Christmas

Can you help Santa get to the gift as soon as possible?

Christmas

Can you help Santa get to the gift as soon as possible?

Christmas Maze

Can you help Santa find his sleigh?

Christmas Maze

Can you help Santa find his sleigh?

Christmas Maze

Can you help Santa find his sleigh?

Christmas Maze

Can you help Santa find his sleigh?

Christmas Maze

Can you help Santa find his sleigh?

Xmas Math

Color & Count to ten with these fun Christmas counting exercises.

3 +		
1 +		
2 +		
4 +		

Xmas Math

Color & Count to ten with these fun Christmas counting exercises.

7+

2+

5+

6+

Xmas Math

Color & Count to ten with these fun Christmas counting exercises.

4+		
5+		
3+		
6+		

Xmas Math

Color & Count to ten with these fun Christmas counting exercises.

7+		
3+		
8+		
5+		

Xmas Math

Color & Count to ten with these fun Christmas counting exercises.

3+ 🎄🎄

6+ 🎁🎁

2+ 🎄🎄🎄

5+ 🎄🎄🎄

Count & Color

Count and color the exact number of Christmas elements.

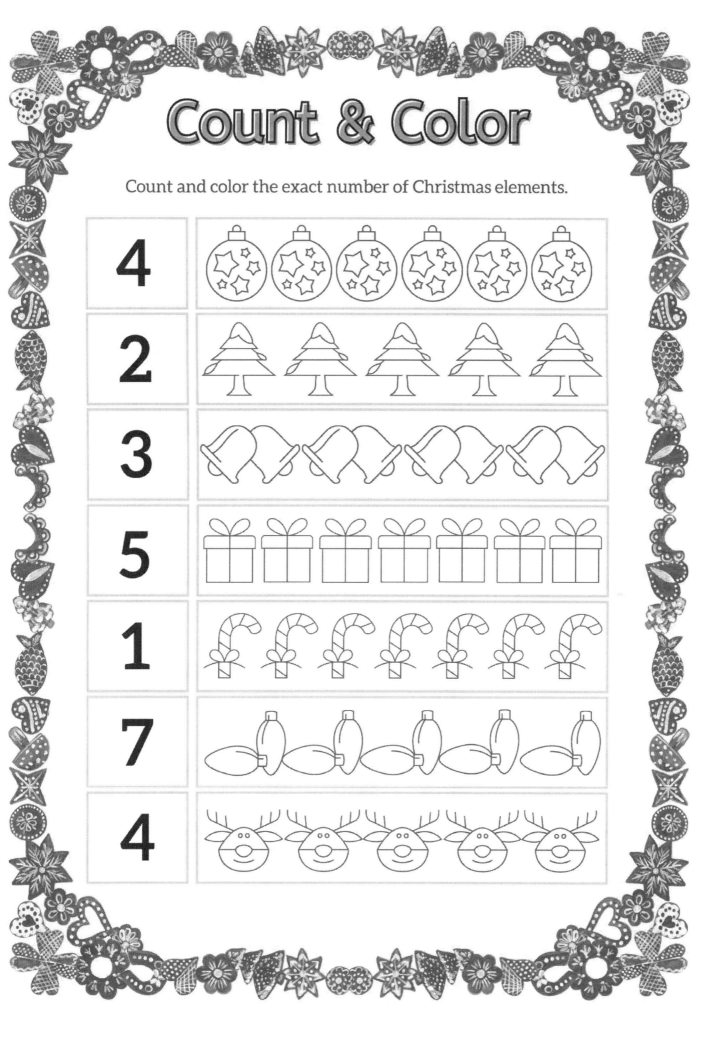

Count & Color

Count and color the exact number of Christmas elements.

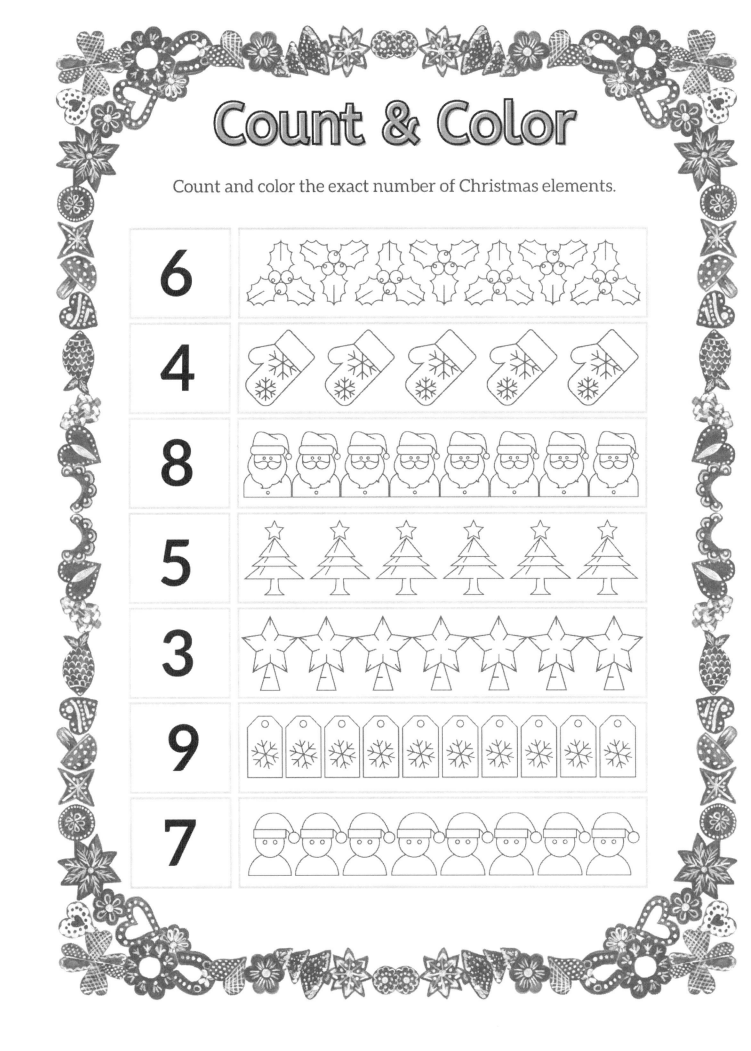

Count & Color

Count and color the exact number of Christmas elements.

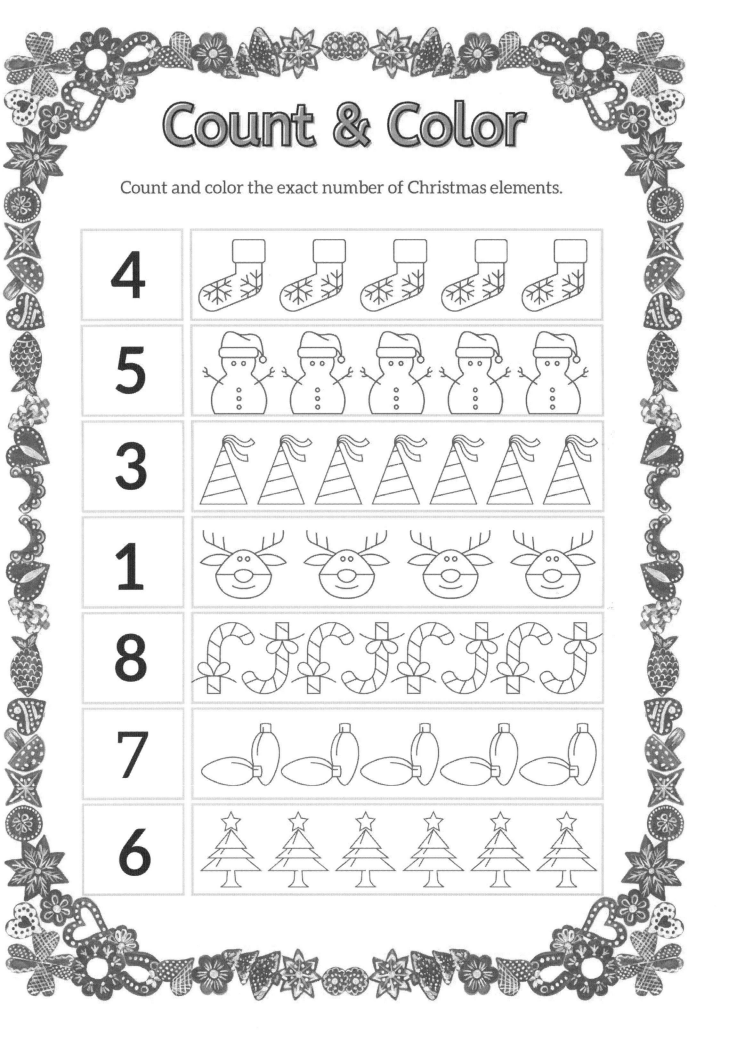

Count & Mark

Count and color the Christmas elements in each box,
mark the correct number

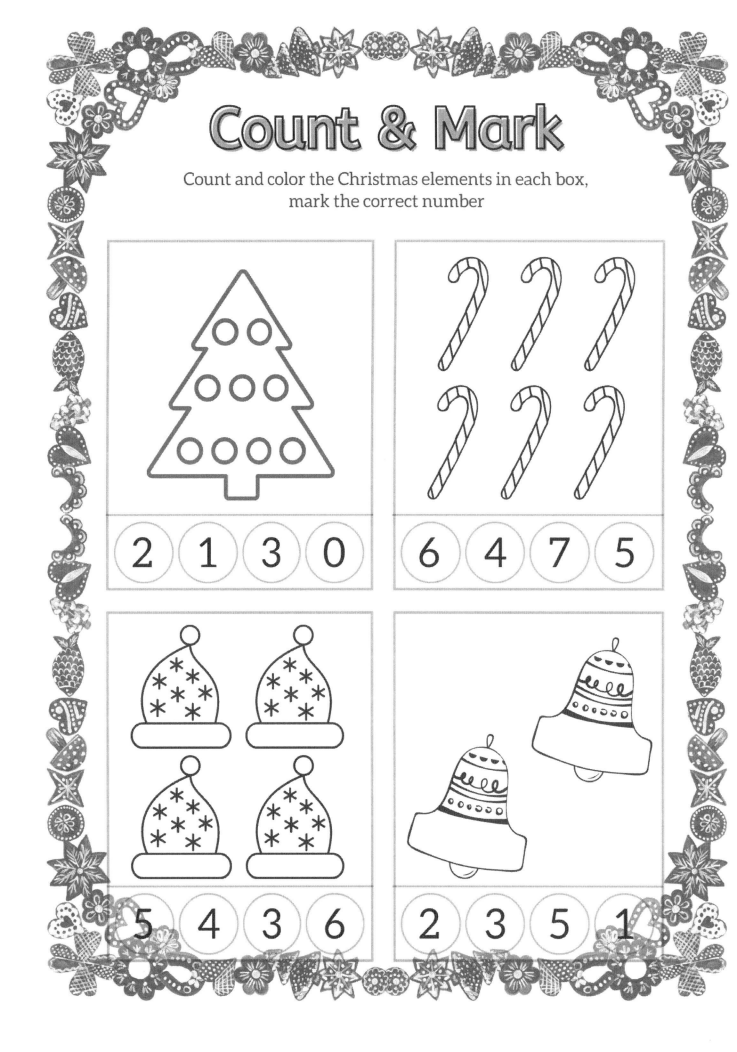

Count & Mark

Count and color the Christmas elements in each box,
mark the correct number

Count & Mark

Count and color the Christmas elements in each box,
mark the correct number

Count & Mark

Draw a line to match the number with the correct
number of Christmas elements

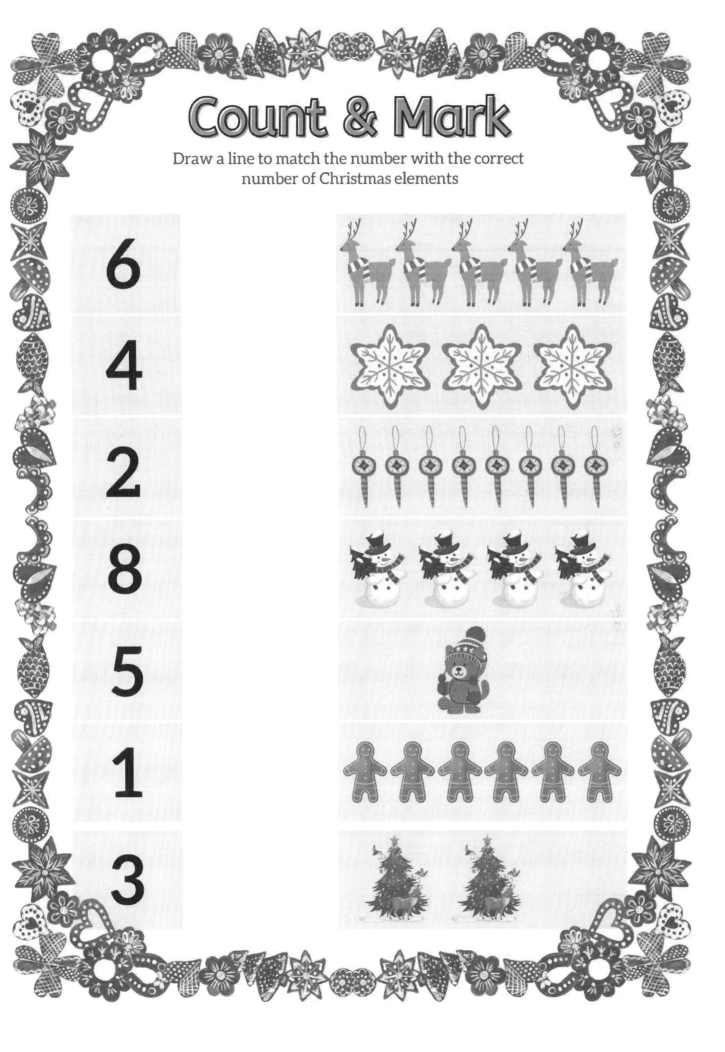

Count & Mark

Draw a line to match the number with the correct
number of Christmas elements

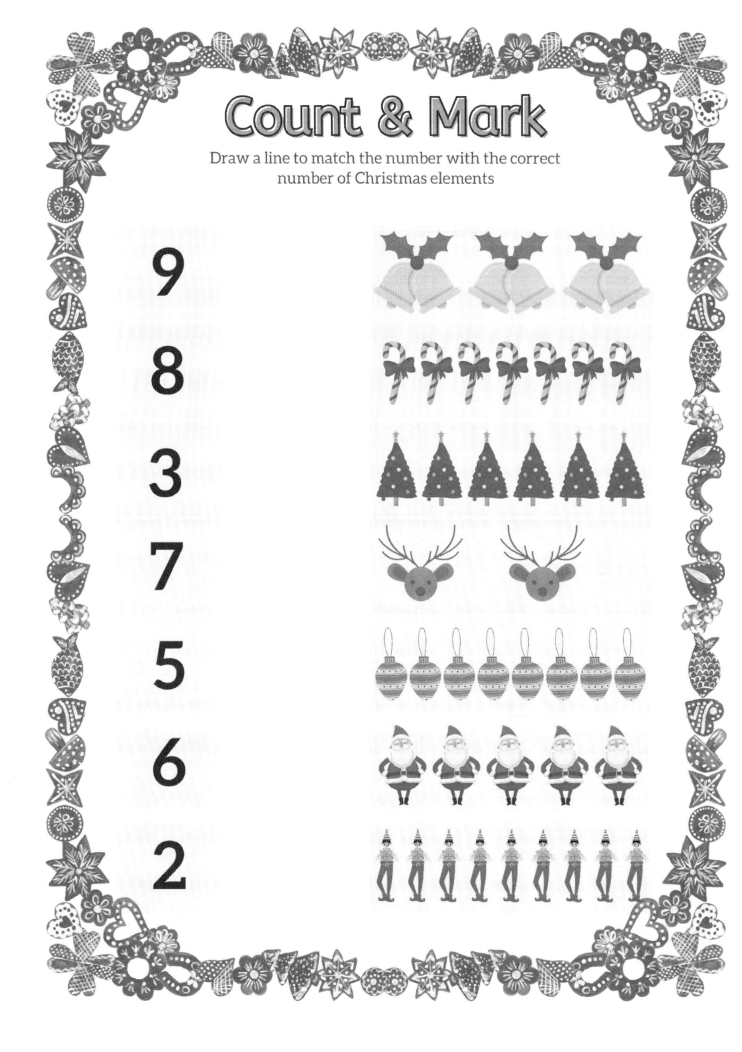

Count & Mark

Draw a line to match the number with the correct
number of Christmas elements

6

3

7

4

5

2

10

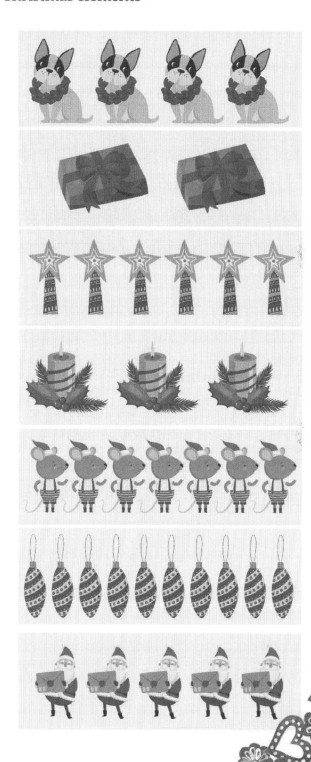

CHRISTMAS
BINGO

CHRISTMAS
BINGO

CHRISTMAS
BINGO

CHRISTMAS
BINGO

CHRISTMAS
BINGO

Christmas ABC

Fill in the missing letters and finish the alphabet.
Enjoy this fun Christmas activity. Yes! You know your ABC

Christmas ABC

Fill in the missing letters and finish the alphabet.
Enjoy this fun Christmas activity. Yes! You know your ABC

Christmas ABC

Fill in the missing letters and finish the alphabet.
Enjoy this fun Christmas activity. Yes! You know your ABC

Christmas ABC

Fill in the missing letters and finish the alphabet.
Enjoy this fun Christmas activity. Yes! You know your ABC

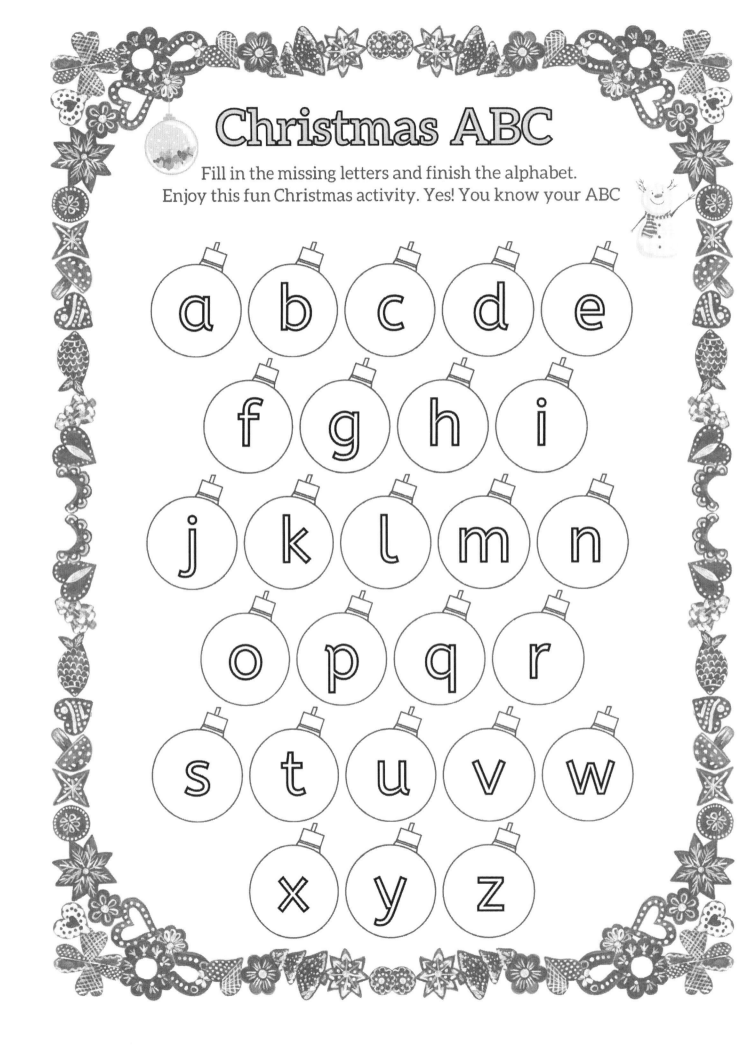

Christmas ABC

Fill in the missing letters and finish the alphabet.
Enjoy this fun Christmas activity. Yes! You know your ABC

Christmas ABC

Fill in the missing letters and finish the alphabet.
Enjoy this fun Christmas activity. Yes! You know your ABC

Shadow Matching

Draw a line between each Christmas element and it's shadow.

Shadow Matching

Draw a line between each Christmas element and it's shadow.

Shadow Matching

Draw a line between each Christmas element and it's shadow.

Shadow Matching

Draw a line between each Christmas element and it's shadow.

Shadow Matching

Draw a line between each Christmas element and it's shadow.

Christmas

Vocabulary Worksheet: Fill in the missing letters

Stocking

Ball

Cane

Wreath

Glove

Reindeer

Elf

Bear

Tree

Bell

Holly Plant

Bow

Christmas

Vocabulary Worksheet: Fill in the missing letters

B_L_

TR_ _

E_F

W_E_TH

G_OV_

RE_NDE_R

C_NE

BE_R

B_ _L

ST_C_ING

H_L_Y P_AN_

B_W

Count & Mark

Count the animals in each box and mark the correct number

Help the Elf Make 10

Santa asked his elves to practice their math. Help this elf make ten!
Follow the example provided and see how many ways you can make 10.

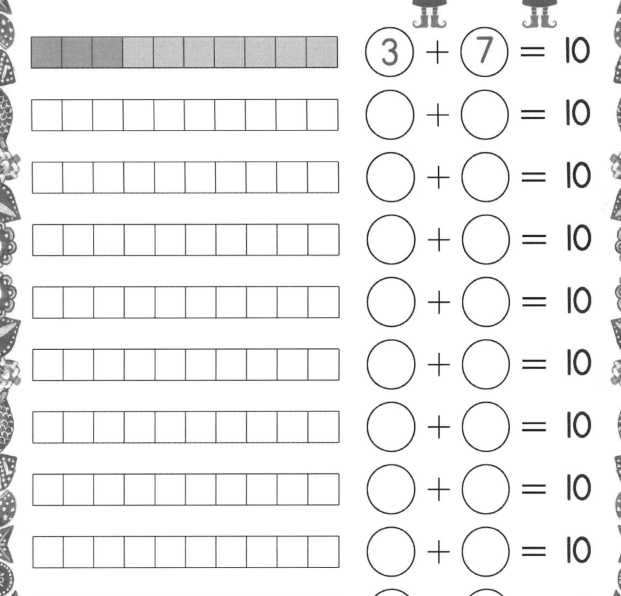

$(3) + (7) = 10$

$( ) + ( ) = 10$

$( ) + ( ) = 10$

$( ) + ( ) = 10$

$( ) + ( ) = 10$

$( ) + ( ) = 10$

$( ) + ( ) = 10$

$( ) + ( ) = 10$

$( ) + ( ) = 10$

$( ) + ( ) = 10$

Help the Elf Make 10

Santa asked his elves to practice their math. Help this elf make ten!
Follow the example provided and see how many ways you can make 10.

(3) + (7) = 10

◯ + ◯ = 10

◯ + ◯ = 10

◯ + ◯ = 10

◯ + ◯ = 10

◯ + ◯ = 10

◯ + ◯ = 10

◯ + ◯ = 10

◯ + ◯ = 10

◯ + ◯ = 10

Help the Elf Make 10

Santa asked his elves to practice their math. Help this elf make ten!
Follow the example provided and see how many ways you can make 10.

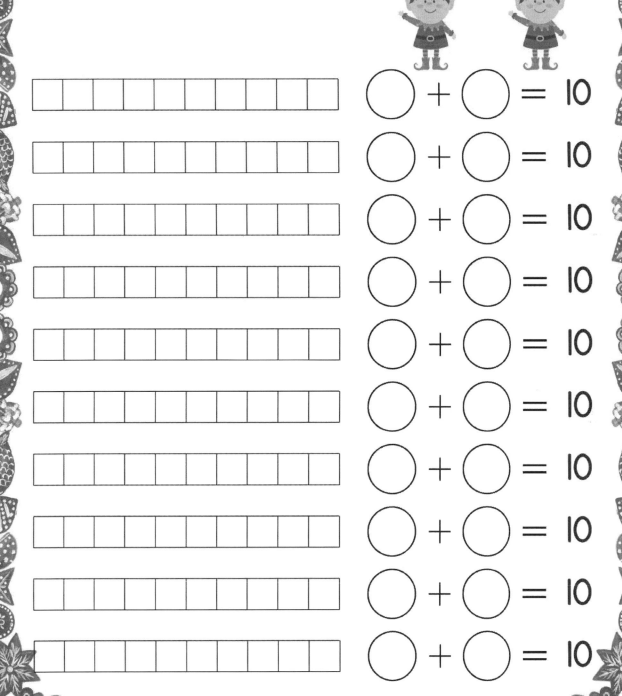

CHRISTMAS WORD SEARCH

Circle words in the puzzle below

```
S A N T A S P C R
T R E E S T R O U
O I T N L A E O D
C R O F E R S K O
K A Y O I W E I L
I F S M G I N E P
N F Y C H E T S H
G E L V E S N O W
O R N A M E N T W
```

Santa   stocking   snow   toys
elves   tree   cookies   ornament
Rudolph   star   present   sleigh

Merry Xmas

Take a marker and finish the Christmas tree. Decorate
the tree with bulbs, candy cane or garlands.

Color by Number

Discover numbers in the picture and color the elements
according to the instructions below.

| 1 | 2 | 3 | 4 |

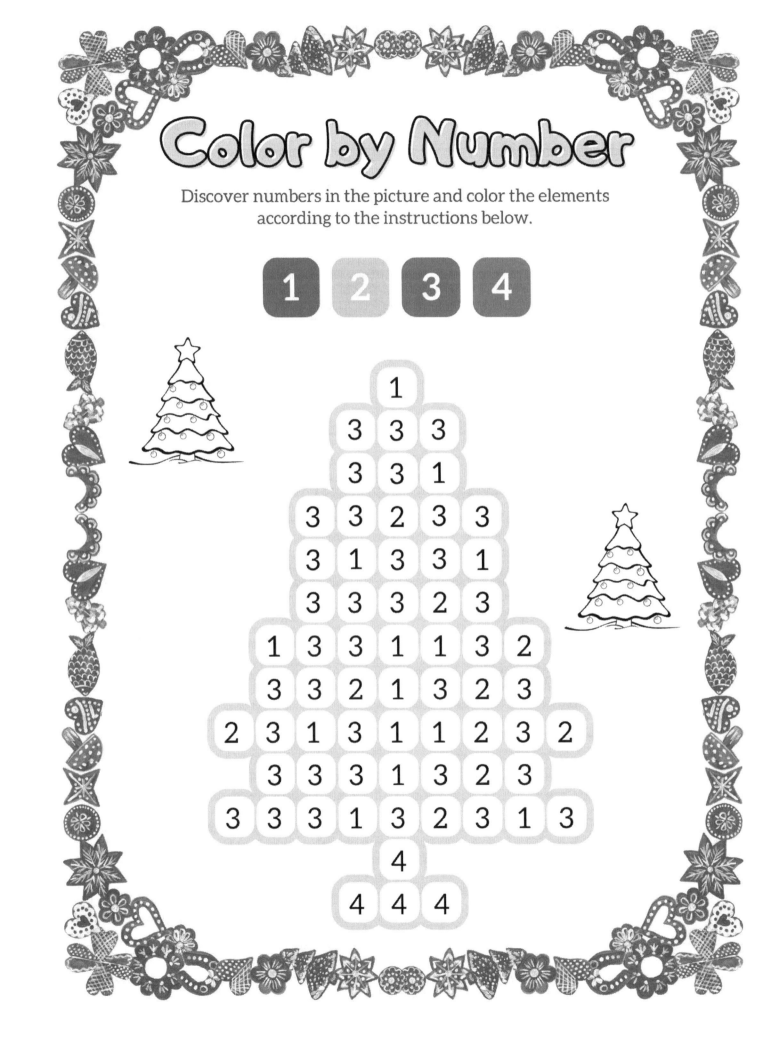

Color by Number

Discover numbers in the picture and color the elements according to the instructions below.

Color by Number

Discover numbers in the picture and color the elements according to the instructions below.

5	6	7

CHRISTMAS WORD SAERCH

PUZZLE 1

E	H	T	A	R	T	A	N	Q	T	V	B	D	S	P
B	C	W	A	G	L	F	X	V	V	R	R	D	G	S
T	I	D	E	G	D	U	J	B	U	E	G	Q	U	T
H	U	Y	L	N	E	E	K	T	F	K	D	F	U	I
E	E	X	K	I	E	Q	A	F	K	V	Q	K	S	B
F	L	R	E	D	Z	L	I	P	V	M	N	O	D	R
T	B	L	E	D	E	D	E	T	S	O	H	O
S	A	J	E	W	I	F	T	S	O	F	O	E	X	D
C	I	Q	G	S	O	S	I	N	W	T	E	G	G	Z
T	V	T	A	J	I	H	E	E	E	X	C	V	H	I
C	A	U	S	A	L	Z	S	B	D	C	G	K	C	P
S	T	N	I	O	J	D	X	T	V	A	E	I	T	P
T	Q	T	H	X	P	S	U	S	N	E	C	D	U	E
X	A	F	U	S	D	N	U	O	P	P	B	T	L	D
K	N	G	I	S	E	D	H	B	M	H	Q	X	C	O

BESIDE	DECENT	JOINTS	SHOWER
BRUTAL	DEFIED	JUDGED	TARTAN
CAUSAL	DESIGN	KEENLY	THEFTS
CENSUS	DIFFER	ORBITS	VIABLE
CLUTCH	HOSTED	POUNDS	ZIPPED

CHRISTMAS WORD SAERCH

PUZZLE 2

```
D M G O P V R A L M O N D D C
D I P Q I V Q N V U J V E N T
E X R R N O B E Z A G U R S B
P I O A Y D E H S U R V O L C
P N V S N A T S E D L O D L N
O G E P E S D M U F F L E E N
P N S E P E B N F X U O D M A
L R T C H V Q U U J F A V S I
X A D T E V X B O S T I M E R
T G D L W S N O R U E N C D A
Q D R D D S D K H R O E H V M
L S T R E L A A O N E E D N W
E E C Q N R N P N L D H S X R
F C C K M D H E F M W H G Q K
M N S U P P L E I E L B A N U
```

ALERTS	GAZEBO	NEPHEW	RUSHED
ALMOND	LADDER	NEURON	SMELLS
ASPECT	LENNON	OLDEST	SUNDAY
ERODED	MARIAN	POPPED	SUPPLE
FLEECE	MIXING	PROVES	UNABLE

CHRISTMAS WORD SAERCH

PUZZLE 3

```
P  S  G  W  N  W  C  C  D  T  O  N  U  S  X
V  N  R  R  A  T  P  L  I  X  E  O  S  S  L
L  S  E  E  E  J  A  K  I  T  R  J  A  P  Z
Q  L  S  T  C  M  U  I  D  Z  L  C  K  B  I
J  O  B  R  D  O  A  R  R  S  Z  A  G  N  T
N  W  I  A  E  C  R  I  I  O  O  I  B  R  I
E  E  K  U  V  I  A  G  N  E  L  C  E  C  D
D  D  E  M  O  N  A  E  H  N  S  G  I  K  I
R  G  R  A  U  R  A  D  O  K  G  J  E  A  B
A  C  S  B  R  N  E  D  E  T  A  W  A  N  C
H  E  E  F  E  H  K  L  F  N  S  T  I  X  W
M  B  A  R  T  E  R  N  D  A  T  E  L  I  G
M  Y  E  V  R  A  H  Z  B  D  C  A  N  Z  K
X  S  W  J  C  R  A  V  E  N  A  I  L  O  H
G  J  X  J  P  L  W  V  C  Z  H  P  D  B  H
```

BALTIC	DENTAL	HARVEY	PADDLE
BARTER	DEVOUR	HONEST	REMAIN
BIKERS	GLORIA	INKJET	SERENA
CAICOS	GROCER	JURIES	SLOWED
CRAVEN	HARDEN	LIZZIE	TRAUMA

CHRISTMAS WORD SAERCH

PUZZLE 4

S	C	I	D	E	M	M	I	U	A	H	K	E	N	F
C	E	S	O	P	P	O	A	H	K	A	F	M	S	J
U	J	S	B	X	J	A	W	O	P	I	N	E	D	O
P	S	L	P	N	S	C	L	N	F	S	H	L	W	P
H	W	E	S	U	O	E	C	O	E	O	K	G	O	N
E	Q	D	M	P	L	V	P	A	N	J	U	A	H	K
L	W	O	Y	A	X	S	I	A	E	S	D	E	E	G
D	Z	M	P	C	L	N	E	A	R	S	O	B	A	P
L	F	X	P	I	M	F	L	S	P	D	A	F	L	D
K	N	B	A	J	J	X	A	E	W	P	X	R	E	I
T	K	G	R	H	T	S	R	E	V	O	M	F	R	O
J	Z	U	C	M	T	M	A	B	S	E	N	T	F	I
E	K	J	A	P	Z	Z	E	S	L	A	Y	O	R	P
L	E	C	O	K	B	I	L	L	E	D	W	F	R	O
C	I	C	E	R	O	B	F	C	K	T	I	K	C	P

ABSENT	CICERO	JOSIAH	OPIOID
ALONSO	CRAPPY	MEDICS	OPPOSE
BEAGLE	DRAPES	MODELS	PULSES
BILLED	FLAMES	MOVERS	ROYALS
CAESAR	HEALER	OPINED	UPHELD

CHRISTMAS WORD SAERCH

PUZZLE 5

```
J X U L A Y E R S E T H I L N
H G S N R P W J R W N X X I O
L A S P F L O R E S E A S G S
E N U P I C C W D P V T N R N
V T C S L C C B O I A M M O A
R R R E P E E O E G H K C V M
A Y I G L W T R H B R U R E A
M T C A I A X T H O R Z M S L
O J M M B N P H E R R C L R C
P G A I L M F U A V F T D R V
E A R C A T U N R E L N U V I
R V G T I Q E B N D A S F L P
A M O S R G H T V L T A K I Q
S Z T E E U L Q N Y K I A A C
G E X I A P U I W B K L G V H
```

AERIAL	DRUPAL	IMAGES	MARVEL
CIRCUS	FLORES	INLAND	OPERAS
COHORT	GANTRY	LAYERS	SPICER
CRUSTY	GROVES	MANSON	VETTEL
CURRAN	HAVENT	MARGOT	XAVIER

CHRISTMAS WORD SAERCH

PUZZLE 6

```
R T S D N E L B I R U F R A D
K L R W I P X N O S C U T D S
Q E X S E N S O R R M R R Q U
T L D G L H I N K N X Z E W M
G A V E C R H E I W K E H P N
V C G N M E L B L S A D A L E
H H E N H E R X M A H H X P R
R U B C O E E R A B T T O I J
Q E A H A A E D T C R N R M S
Q P V S T V T X L T B Z E I U
A N T A I H E S S A Y S L R B
D F X E T F G J N R E S I A K
G A W J J C H I T U C K E R L
Z I B A C C O M W N X S C M H
O S E D A R T B C D P B M T S
```

APACHE	DEEMED	OCTAVE	SUMNER
BIRTHS	DWIGHT	QUENCH	TAONGA
BLENDS	ESSAYS	RENTAL	TRADES
BREAST	KAISER	REVIEW	TUCKER
DARFUR	MOHAWK	SENSOR	TUCSON

CHRISTMAS WORD SAERCH

PUZZLE 7

P	S	C	G	D	L	V	O	E	L	M	S	G	X	V
O	D	H	X	D	P	E	R	X	E	R	F	A	K	S
E	E	R	V	M	H	O	M	M	O	O	N	N	M	W
T	V	Z	A	V	D	N	A	M	R	W	S	D	A	S
R	A	J	I	E	O	L	R	O	N	L	N	E	F	N
Y	H	N	D	W	I	K	T	C	O	N	I	R	L	A
S	S	O	L	E	A	J	Y	A	M	E	X	S	O	J
D	E	L	I	M	S	R	N	I	U	S	O	T	A	T
T	U	R	W	Z	J	Y	D	V	C	R	T	R	T	E
J	F	A	Q	V	L	D	Q	N	U	A	A	O	X	L
J	S	M	E	E	J	B	H	V	A	L	Z	L	L	U
M	U	V	V	S	N	A	M	U	H	S	X	L	I	G
W	K	I	Q	O	O	R	E	R	O	C	S	B	P	U
E	L	G	A	E	B	S	U	S	A	A	F	G	P	K
Z	C	G	I	R	S	T	R	A	N	C	E	U	X	A

AFLOAT	LARSEN	POETRY	STROLL
BEAGLE	LIVELY	SANDRA	TELUGU
ERODED	MARLON	SCORER	TOXINS
GANDER	MARTYN	SHAVED	TRANCE
HUMANS	MONROE	SMILED	VIACOM

CHRISTMAS WORD SAERCH

PUZZLE 8

F	E	U	Y	R	D	W	O	O	J	K	S	Y	N	I
G	B	N	S	A	X	Y	M	N	A	T	E	X	G	U
O	W	E	M	N	S	D	E	L	R	R	C	A	H	P
B	O	T	U	A	M	D	U	X	B	C	N	S	C	K
G	M	S	L	L	R	O	V	U	D	D	Z	N	U	C
D	E	I	C	P	K	H	A	C	H	P	Q	E	T	R
R	N	L	E	F	F	S	O	I	I	J	K	S	O	U
E	S	Q	P	F	L	N	C	S	T	R	V	T	T	M
D	J	S	V	I	N	U	T	B	G	A	A	E	A	B
I	U	T	S	E	Q	O	R	S	Q	C	M	D	L	S
A	W	Y	R	W	L	U	Z	R	Q	H	E	T	S	Z
R	L	L	E	E	E	F	E	O	Y	E	Z	B	E	L
D	W	E	V	V	K	C	X	D	R	L	C	M	V	E
Q	Q	D	A	W	W	H	M	V	G	R	E	N	I	H
P	H	G	S	C	N	S	P	I	R	I	T	S	B	W

AUBREY	FLURRY	PISTOL	SHODDY
CLUMSY	GANDHI	PLANAR	SPIRIT
CONNER	LISTEN	RACHEL	STYLED
CRUMBS	NESTED	RAIDER	TOTALS
ECZEMA	PIQUED	SAVERS	WOMENS

CHRISTMAS WORD SAERCH

PUZZLE 9

H	K	L	F	G	O	H	C	Z	N	P	E	N	W	U
G	S	A	I	S	S	I	N	J	E	C	T	S	D	R
Q	C	E	R	I	W	S	H	U	R	E	G	R	A	L
C	R	C	I	V	C	T	L	A	G	U	N	A	C	J
F	Z	E	N	A	W	E	F	S	B	I	A	H	I	S
E	J	E	G	R	B	V	R	H	O	A	M	N	L	C
P	B	R	L	T	Y	E	L	D	U	D	F	O	I	S
N	D	G	I	B	F	N	B	N	U	C	R	V	S	Z
I	E	S	Q	F	A	A	L	F	G	J	D	A	F	U
T	F	W	U	R	S	O	U	C	H	A	L	E	T	R
R	U	B	O	T	A	F	C	X	B	Q	Q	B	G	T
A	N	G	R	D	J	A	R	G	O	N	R	F	T	O
M	D	X	H	P	L	H	A	Y	D	E	N	V	A	J
C	I	R	T	A	M	O	T	A	V	E	R	N	F	J
P	V	U	A	R	R	E	S	T	J	N	P	T	K	G

ARREST	FIRING	LAGUNA	SILICA
BUFFER	GREECE	LARGER	STEVEN
CHALET	HAYDEN	LIQUOR	TAVERN
DEFUND	INJECT	MARTIN	TRAVIS
DUDLEY	JARGON	MATRIC	UNLOAD

CHRISTMAS WORD SAERCH

PUZZLE 10

```
Z  H  X  S  X  S  O  J  B  N  V  G  A  N  H
I  J  X  P  R  R  E  V  R  U  I  S  B  W  O
G  J  K  D  T  A  M  C  S  H  X  P  Z  C  O
N  N  U  S  E  I  C  N  A  P  T  T  C  U  D
R  S  I  L  S  M  P  S  I  R  R  S  O  O  E
D  B  I  T  I  Q  L  N  O  V  T  A  B  N  D
I  E  E  S  B  E  O  E  V  Z  R  R  W  G  Q
B  R  B  L  A  T  L  H  M  I  A  H  L  W
J  E  A  A  C  X  Q  I  X  D  R  A  M  B  I
E  T  T  C  K  F  L  A  A  M  X  L  A  L  S
M  K  G  O  U  R  X  L  B  A  L  K  A  N  G
I  D  H  L  P  F  A  F  F  G  N  U  S  N  U
S  S  Z  M  O  M  E  N  T  N  K  E  E  Q  F
W  U  N  O  P  U  O  C  S  T  R  E  A  M  T
O  T  H  R  I  F  T  K  L  A  D  I  E  S  P
```

BACKUP	COUPON	LOCALS	SPRAWL
BALKAN	HELMED	MARVIN	STREAM
BISTRO	HOODED	MISTER	THRIFT
BRIDAL	JULIET	MOMENTNKEE	TRACES
BUXTON	LADIES	OSCARS	UNSUNG

CHRISTMAS WORD SAERCH

PUZZLE 11

```
X D I R N P T S E T A L N Z Q
T X C S B L F G G K Z L O I R
O R G A N S L N S I X R A B D
W W W W H M A A A M N D X L E
A Y T T O P S I I N R E V S T
H S I W E J N H G M U R P R S
A S Z H I D P C O N B O T E E
O T E D I S O N N N U T A V V
E E T A U G H T C Q A S F E U
J E I B M S R S T S O O B L R
F L C C D B F S T A P L E D U
D F I L N F H O U N D S P Z A
V F I W Y H C N U P K H F I K
D U O P V L L N O S L I W D A
G Z H P X N O O L A S M U W Z
```

AUBURN	GUILDS	ORGANS	STAPLE
BOOSTS	HOUNDS	PUNCHY	STORED
CHIANG	JEWISH	SAIGON	TAUGHT
EDISON	LATEST	SALOON	VESTED
FLEETS	LEVERS	SPOTTY	WILSON

CHRISTMAS WORD SAERCH

PUZZLE 12

```
R  N  M  E  N  I  L  E  F  P  B  C  P  B  D
A  X  N  V  T  G  N  O  F  H  C  M  I  K  D
R  I  M  G  M  E  J  T  K  O  U  X  N  A  O
E  D  N  W  D  F  X  L  Z  T  R  V  Y  J  Q
D  O  S  A  G  E  D  A  H  O  V  H  T  N  T
X  A  N  L  P  L  K  E  N  S  E  O  R  A  S
W  E  G  F  V  O  B  O  H  S  D  U  O  I  C
E  D  Y  O  E  N  S  A  D  G  Z  S  P  R  X
R  T  R  P  V  A  N  T  Y  E  A  E  S  U  H
I  E  A  E  A  V  R  O  E  L  T  D  F  D  C
T  A  T  T  Z  C  A  E  A  R  O  O  L  Q  I
E  S  O  R  E  M  I  N  D  X  Q  R  U  E  N
R  E  N  O  P  O  J  Z  R  Q  M  X  F  Q  U
S  S  J  L  P  S  X  U  T  O  R  R  A  P  M
K  L  X  Z  F  T  O  P  P  E  R  T  J  A  D
```

BAYLOR	FELINE	PETROL	RETIRE
CURVED	HOUSED	PHOTOS	SPORTY
DOSAGE	MUNICH	POSTER	TEASES
DURIAN	NOTARY	QUOTED	TEXANS
FEARED	PARROT	REMIND	TOPPER

CHRISTMAS WORD SAERCH

PUZZLE 13

J	S	M	K	R	C	M	L	E	S	A	E	R	G	Q
R	N	W	G	L	I	U	O	R	S	D	N	U	O	P
D	I	V	J	N	H	L	A	U	U	U	C	S	Z	I
E	G	Q	A	L	C	Y	K	T	F	N	Q	W	S	C
S	E	T	H	L	G	S	B	O	A	H	B	E	E	D
S	B	S	O	J	S	A	R	H	U	C	U	D	X	I
I	F	S	V	E	C	M	F	H	A	V	Y	E	M	W
K	E	O	L	X	A	A	S	U	U	A	E	S	X	D
R	K	N	X	T	C	E	S	P	J	N	V	Z	W	M
W	U	W	F	I	H	E	F	N	S	C	T	R	W	J
R	G	Q	N	S	D	E	A	S	N	R	A	E	L	B
A	W	G	I	L	O	S	E	R	S	T	T	S	D	S
I	T	F	P	T	D	U	S	T	E	D	G	U	U	W
B	C	F	U	V	H	T	C	I	R	T	S	B	Z	X
V	P	E	V	O	H	A	P	P	E	N	H	A	N	C

ABUSER	DUSTED	HAPPEN	POUNDS
ASYLUM	FACING	HUNTED	SANJAY
BEGINS	FISHES	KISSED	STRICT
CAUSED	FORMAT	LEARNS	SWEDES
CLOSER	GREASE	LOSERS	UNLESS

CHRISTMAS WORD SAERCH

PUZZLE 14

K	N	H	A	R	K	S	C	S	C	R	A	P	S	A
R	I	Z	C	O	S	K	H	V	T	S	D	B	F	S
O	L	C	T	J	L	K	T	K	T	S	L	Q	L	W
W	L	S	I	M	V	C	C	U	B	N	E	A	Z	O
E	O	X	N	L	H	A	T	I	F	Q	V	N	E	X
R	C	W	G	A	Z	E	D	R	N	E	Q	S	R	T
Z	M	T	N	S	I	G	E	J	S	K	U	H	R	E
C	R	T	E	U	T	E	V	K	U	C	M	H	O	X
E	S	D	K	I	L	U	R	H	C	S	U	X	C	J
W	E	N	M	Y	C	E	O	A	M	M	T	P	K	O
V	E	R	Z	D	T	C	C	Q	S	E	P	R	E	H
G	E	V	Q	S	N	T	O	R	T	S	I	B	R	E
H	G	P	U	A	E	I	D	R	P	P	Q	F	Q	T
B	A	C	L	P	T	T	R	E	W	E	I	V	Z	I
L	P	B	T	P	W	W	H	J	E	L	G	G	U	J

ACCUSE	BLANCO	FREELY	REWORK
ACTING	CHANTS	HERMIT	ROCKER
ADJUST	COLLIN	HERPES	SCRAPS
ASTUTE	CUSTER	JUGGLE	SLAVES
BISTRO	ERNEST	KNICKS	VIEWER

CHRISTMAS WORD SAERCH

PUZZLE 15

U	Z	S	T	A	A	Z	I	S	Z	I	C	I	F	F
C	P	L	Q	S	T	D	S	N	R	M	J	O	E	I
O	R	E	C	T	O	R	L	E	K	O	E	F	R	N
A	T	E	L	A	W	B	L	A	S	R	N	A	B	B
T	E	P	R	R	A	S	I	R	C	L	C	O	I	F
E	N	Y	Y	A	N	T	P	B	N	I	A	W	H	C
S	D	O	N	H	T	O	S	Y	A	N	X	T	J	X
U	E	K	O	B	E	O	V	L	R	S	B	X	E	O
C	R	G	L	M	D	H	X	B	F	F	P	T	D	M
N	U	R	E	Z	N	S	Y	R	I	L	F	X	V	E
A	I	O	F	T	Z	A	G	Q	D	E	K	O	O	C
B	U	L	K	R	D	T	P	M	O	C	K	E	D	G
X	L	K	R	N	C	Y	C	L	I	C	G	O	L	F
U	Q	W	O	E	M	M	D	L	E	B	J	Z	N	C
Q	C	M	K	C	B	B	F	C	O	O	K	E	D	Q

BERLIN	CYCLIC	MOCKED	SHOOTS
BHARAT	FELONY	MONDAY	SLEEPY
COATES	FRANCS	NEARBY	SPILLS
COOKED	HONORS	RACIAL	TENDER
COOKED	METALS	RECTOR	WANTED

CHRISTMAS WORD SAERCH

PUZZLE 16

```
K  J  D  I  H  C  L  E  R  K  S  K  D  G  P
V  S  L  S  K  A  B  O  S  S  E  S  R  R  C
H  U  X  L  J  G  Y  V  J  W  J  Q  J  C  S
P  T  S  E  L  O  W  D  E  K  U  G  A  Y  R
K  A  E  T  S  R  Q  W  E  C  C  R  I  P  E
W  I  G  O  T  G  I  R  L  N  L  E  U  A  S
D  H  D  H  R  E  X  E  E  O  L  V  A  T  O
T  H  U  N  O  S  N  M  S  D  Q  G  J  I  L
N  U  J  Q  H  Q  A  L  S  E  E  O  Z  R  P
B  S  K  M  S  P  J  V  E  P  Q  E  X  I  O
T  T  T  E  T  H  O  R  N  S  M  I  F  N  Z
B  K  O  D  R  J  L  E  T  Z  S  V  B  G  O
V  C  R  N  V  R  E  T  A  K  E  E  Z  B  C
L  B  C  A  J  T  C  O  U  G  H  S  V  R  D
N  U  N  T  R  U  E  B  N  S  E  N  A  R  C
```

BOSSES	FEEDER	JUDGES	THORNS
CARLOS	GORGES	LOSERS	TIRING
CLERKS	HAYDEN	RETAKE	UNTRUE
COUGHS	HIATUS	SHORTS	VESSEL
CRANES	HOTELS	TANDEM	YIELDS

CHRISTMAS WORD SAERCH

PUZZLE 17

```
N O T I R T K T I O N E B N X
W F R L U F Y O J K N L R A Y
D Q R D E G G I R U G D V O O
L E P S O G Z S T R I D E F B
R N P D A G E N C Y J J N R W
H T J M I Q D L R E I U A R O
G H E S N W N J K S I V O L C
U R U T T Q S E Q O G O V P I
O E E R E N C S T H G U O S N
L A K A N V G E V I U L J W I
P D F T T E G W T S E D I W V
T E M A V D D E K X V Q R F R
R A G L U V A I C E P E E A A
O T Z B I Y C N U O B Q O O M
J K T S E S A E C P O J K U V
```

AGENCY	CLOVIS	MARVIN	STRIDE
BENOIT	COWBOY	PLOUGH	THREAD
BOUNCY	GOSPEL	RIGGED	TRITON
BUDGET	INTENT	SOUGHT	VULGAR
CEASES	JOYFUL	STRATA	WIDEST

CHRISTMAS WORD SAERCH

PUZZLE 18

X	G	L	O	I	R	L	I	S	S	O	F	E	E	W
O	P	N	U	T	Q	E	C	N	P	Q	O	N	S	I
P	M	T	T	G	P	I	E	O	L	L	B	Q	T	L
M	U	J	S	I	N	O	J	T	U	W	M	R	R	L
Y	R	C	E	F	E	X	K	Y	G	A	S	S	O	E
T	V	Y	T	V	W	Y	D	A	I	R	W	A	H	D
I	N	C	V	E	B	G	I	D	N	P	H	K	S	L
N	M	L	E	R	I	E	G	B	S	S	E	C	E	R
A	D	E	U	S	E	N	C	L	A	S	S	Y	T	E
V	E	S	J	E	A	I	P	S	E	R	E	N	A	M
C	B	K	U	S	U	R	W	G	X	D	G	T	U	P
J	B	P	L	W	S	B	W	R	E	N	N	U	R	I
K	O	H	N	U	J	S	E	V	O	L	G	M	N	E
L	R	H	U	B	V	Z	F	R	U	O	N	O	H	S
M	N	L	L	K	V	M	D	I	H	S	A	R	Q	E

CLASSY	HONOUR	RASHID	SHORTS
CYCLES	NEWBIE	RECESS	SPRAWL
DAYTON	OUTSET	ROBBED	VANITY
FOSSIL	OXYGEN	RUNNER	VERSES
GLOVES	PLUGIN	SERENA	WILLED

CHRISTMAS WORD SAERCH

PUZZLE 19

```
H A K N L P I L I N G S A I G
Y L N E E K S A B G M T O C H
S S U B M I T G B R P I H L D
M I L S U M K R I K W A A A R
V Z M T T F G E R J D R Y I A
B L O C K S F G D G I T L R R
E J Z E F T P G I R H O T E H
H U Q I H O L I E U I W N R M
F E O E S T N B X N N I U F O
M J O T N S E L A R O D H J C
V R E A F G E D L E T O O H T
Y D R A S Y L Z H P W W M U O
U Y T P S X I R M M E S S S D
T X E K N A E N V A N V G H K
M E A M E Z C E G D H I S T J
```

BIGGER	DOTCOM	KEENLY	SUBMIT
BIRDIE	ECZEMA	MUSLIM	THEORY
BLOCKS	EILEEN	NEWTON	TRAITS
CLAIRE	HUNTLY	PILING	TYRANT
DAMPER	HUXLEY	POSTED	WIDOWS

CHRISTMAS WORD SAERCH

PUZZLE 20

```
D S N H W O A B T K U X N Y C
S D E I U O F A V U T D T E I
F E S V C O W N Y X E M O N N
Q N T T O F K T E D R W N M O
A M A A S R Z E R F U E N O C
U A F I L E P R O N S M A R I
U D Z A V P G L T I X W C M L
X R E T S I L N S R I H S A B
S B O T H E R V I I D U U X X
R W O O K D E C A D E I T U H
U F B M K D E T T U G B I D H
F O R I G I N V U D E L E E P
U T T A J G X B D H T B A N L
R R T L G G L O B E S T G I T
R O T C O D O J S C O T C H L
```

BANTER	DECADE	INGEST	PROVES
BASHIR	DOCTOR	LISTER	ROMNEY
BOTHER	GLOBES	ORIGIN	SCOTCH
CANNOT	GUTTED	PEELED	STOREY
DAMNED	ICONIC	PLATES	UTERUS

CHRISTMAS WORD SAERCH

PUZZLE 21

```
Q  R  A  N  A  L  P  U  K  A  L  O  Y  O  L
N  G  N  A  N  E  P  D  O  U  M  O  K  S  Q
N  O  T  O  H  P  A  T  E  M  T  G  L  L  Z
D  K  W  K  B  C  B  O  N  N  E  T  E  G  M
E  E  M  Z  U  V  B  A  L  K  A  N  A  N  B
P  U  N  M  D  Q  H  O  B  A  R  T  N  I  T
L  R  E  B  L  T  H  J  T  P  I  C  E  Y  T
E  N  V  G  C  S  Q  T  U  S  N  H  D  P  A
H  O  O  U  A  I  L  J  E  U  E  D  J  S  E
N  Z  K  N  I  L  E  A  R  S  I  H  R  E  R
V  A  F  N  D  U  P  K  R  I  U  E  E  Q  I
Q  I  I  E  O  U  Z  C  P  O  F  S  D  B  T
F  F  V  R  Z  B  J  A  P  C  C  R  I  K  E
R  L  R  N  A  Z  D  E  D  E  E  S  I  M  R
L  C  J  T  R  M  Z  K  L  X  B  H  V  K  C
```

ACUMEN	GUNNER	LOYOLA	PLANAR
BALKAN	HELPED	MARIAN	RETIRE
BEHEST	HOBART	MISUSE	SEEDED
BONNET	ISRAEL	PENANG	SPYING
CORALS	LEANED	PHOTON	ZODIAC

CHRISTMAS WORD SAERCH

PUZZLE 22

```
M  W  K  V  W  V  B  E  G  N  U  L  P  X  R
U  S  G  Z  B  B  S  U  V  W  R  H  S  S  A
S  Q  M  L  U  B  T  G  G  J  A  T  R  T  I
S  K  U  N  V  N  L  A  E  S  R  R  D  R  N
E  Y  C  G  L  R  J  E  S  A  O  D  R  A  E
L  T  L  I  B  I  I  L  E  J  M  G  E  M  D
I  W  D  T  R  L  S  H  U  E  A  Z  S  S  J
S  E  A  A  S  B  Q  T  J  N  S  F  U  C  C
D  X  F  R  R  O  Q  V  E  P  J  N  B  P  R
N  Z  H  R  P  K  C  W  R  R  Z  Z  A  D  E
L  N  J  U  K  S  L  T  I  E  R  E  D  F  T
K  S  D  A  L  A  S  Y  C  E  A  S  E  S  R
O  U  V  G  K  R  W  L  D  E  Y  A  W  S  O
T  M  M  I  J  Q  K  W  H  U  B  R  I  S  P
Q  O  K  C  S  Z  V  P  F  C  I  T  S  Y  C
```

ABUSER	CYSTIC	LISTER	SALADS
AROMAS	DARKLY	MUSSEL	SMARTS
BRICKS	HEARTS	PLUNGE	SPRAWL
CEASES	HUBRIS	PORTER	SWAYED
COSTLY	LEAGUE	RAINED	TIERED

CHRISTMAS WORD SAERCH

PUZZLE 23

```
R V F R E T T U C W X W T N B
A V I M Y E L L A G C B U X J
F Z O G G P K S V S M P D H U
O A A A T A K S H J I U W G Q
N T B R O J L O L A M O V I C
R T N R I U O W T L M Q B E J
E R Z S I H G O A K E E A U A
N E C F E C S T B Y I W D O D
O A C V I F N S P M R T N Z T
Y T D R A M A S R D A V X U N
A S C M E E T I C E R B Z L E
R F L L U J B O P I D F W L E
C S O V N O G J S A J R V S P
T S E G P T E L L E P D O E K
X R E I V A X V C H E E K Y N
```

BAMBOO	DUBOIS	PELLET	TALMUD
CHEEKY	FABRIC	RECITE	TIKTOK
CRAYON	GALLEY	SHAMED	TREATS
CUTTER	GALWAY	SHIRAZ	UNWELL
DRAMAS	ORDERS	SOLEMN	XAVIER

CHRISTMAS WORD SAERCH

PUZZLE 24

R	C	Z	K	M	N	R	B	L	E	A	K	E	D	R
S	T	S	U	C	O	L	K	T	P	J	V	V	Q	X
O	R	M	I	I	A	S	D	I	T	I	O	N	E	B
Z	A	A	G	R	E	E	D	M	B	K	P	W	F	Q
H	C	R	S	C	A	H	F	M	P	W	R	O	D	R
H	I	T	L	J	C	X	A	O	K	W	O	R	X	G
M	S	S	J	O	C	L	W	C	D	X	V	L	T	N
P	M	V	V	O	M	O	M	E	N	T	E	D	S	R
I	U	E	I	A	D	N	E	P	E	D	N	S	T	A
Z	R	I	H	X	B	U	Q	S	T	X	H	W	R	C
S	S	T	J	E	S	U	O	L	B	G	H	T	O	H
T	O	W	U	N	E	R	E	G	G	I	D	D	U	E
G	C	Z	S	B	S	K	U	L	L	S	U	X	D	L
M	W	W	S	L	E	B	E	R	Z	K	U	H	D	W
V	D	Q	P	K	O	L	I	V	E	S	P	W	H	Q

AGREED	DEPEND	MOMENT	REBELS
BENOIT	DIGGER	OLIVES	SKULLS
BLOUSE	GOTHAM	PROVEN	SMARTS
COMMIT	LEAKED	RACHEL	STROUD
COVERS	LOCUST	RACISM	WORLDS

CHRISTMAS WORD SAERCH

PUZZLE 25

```
Y  R  A  L  I  H  M  A  R  R  E  D  J  H  K
E  T  A  N  O  D  P  A  E  R  O  A  D  P  Q
G  S  M  V  E  X  W  X  X  J  T  Y  E  R  I
L  L  N  C  A  V  D  V  I  V  I  R  Z  O  E
S  E  I  D  R  R  H  T  I  D  N  O  L  M  S
S  G  S  D  A  G  R  A  E  A  B  M  X  P  N
M  O  P  S  E  O  C  E  E  K  G  E  A  T  E
Y  T  L  A  E  R  R  T  I  U  R  M  H  E  S
X  M  B  U  D  V  A  B  B  S  E  A  B  E  M
K  T  Y  O  U  R  A  N  A  R  C  V  M  T  L
R  L  G  R  I  U  O  H  U  S  T  O  N  C  L
L  R  N  P  T  T  N  G  D  E  G  N  I  W  E
G  W  D  S  O  L  A  X  D  B  D  S  T  S  W
P  J  H  H  I  L  E  A  F  C  J  T  I  K  O
R  W  P  I  C  T  H  R  I  F  T  T  O  Q  P
```

ABROAD	MARKET	PHOTON	SENSEI
DONATE	MARRED	PIRATE	SIERRA
GLIDER	MEMORY	POWELL	THRIFT
HILARY	MYRTLE	PROMPT	VESSEL
HUSTON	PAEROA	REALTY	WINGED

CHRISTMAS WORD SAERCH

PUZZLE 26

```
N C N A O H A U B U J U D J A
R S B J R E I G B S Q K I T S
R E E U X E N H C R E W V V L
A E R N D E H C A C L D G L A
V I T E S A C T O J J N A L E
I N H A C T U F A Q I M V P T
N G A D E T Q H L L O Q N W S
G Z K N N X U I I N F L A Q C
A G N E A O N P T H D D M G S
W O M F L C Y L L N M J H N E
B A T I O S O S W A L D A I V
L G V M M W W P Q A V F R P L
V E E I Q P F M Z K V O L I A
R X L J B H N U C L E I X W V
N F N F Z N O S B O D F F H I
```

BERTHA	INCOME	OLIVER	SEEING
BONNET	LAMENT	OSWALD	SPADES
CACHED	LAMONT	PILING	STEALS
DOBSON	LATHER	RAHMAN	VALVES
FLIMSY	NUCLEI	RAVING	WIPING

CHRISTMAS WORD SAERCH

PUZZLE 27

```
J  K  F  I  P  D  B  R  U  S  S  I  A  O  E
T  B  D  O  O  G  S  I  N  F  A  N  T  J  R
J  B  X  D  G  T  N  O  I  N  J  U  R  Y  S
O  D  G  G  U  N  A  M  H  E  L  W  Y  X  R
W  E  Y  N  C  O  N  W  A  Y  Z  V  D  E  C
R  Y  D  L  Z  G  V  U  I  S  O  F  B  P  X
F  R  L  S  R  M  S  X  I  O  E  U  Q  Z  S
A  U  S  E  U  E  T  Q  R  K  K  R  F  K  S
Y  R  T  R  N  P  V  G  R  E  N  R  D  N  V
E  T  F  H  E  O  M  O  J  M  E  F  P  N  F
L  A  F  Q  C  D  L  A  L  T  D  Q  X  W  A
R  P  U  V  T  G  R  B  C  M  D  N  O  N  D
A  F  E  L  L  O  W  O  U  R  E  N  N  I  S
H  T  R  U  T  D  M  U  L  L  E  R  O  F  L
G  N  I  Y  R  F  V  G  S  E  I  G  G  E  R
```

ANDRES	FRYING	LEHMAN	REBUKE
CAMPUS	GROOVY	LONELY	REGGIE
CONWAY	HARLEY	MULLER	RUSSIA
DODGER	INFANT	ORDERS	SINNER
FELLOW	INJURY	OVERLY	TUNDRA

CHRISTMAS WORD SAERCH

PUZZLE 28

A	N	Y	R	R	A	T	S	Q	O	X	L	W	W	W
C	Q	C	O	F	F	I	N	C	H	C	K	K	A	I
C	I	R	T	E	M	O	C	C	R	U	S	T	Y	R
B	E	S	Q	R	F	R	E	A	L	M	E	W	B	K
H	L	T	M	M	I	J	A	P	A	C	H	E	S	V
Q	C	W	K	D	E	H	C	T	E	X	K	K	I	R
S	C	D	E	L	T	E	E	B	S	Z	I	A	E	A
H	E	G	E	O	S	H	A	W	A	L	G	T	K	P
H	O	L	L	P	J	V	B	K	L	R	N	W	X	I
Y	S	I	G	S	L	P	K	S	A	A	D	S	S	N
L	N	I	G	N	K	O	V	C	B	E	H	E	P	G
Q	E	O	M	E	A	D	Y	R	R	G	G	D	I	H
T	O	V	T	A	V	U	U	A	U	B	D	F	L	T
G	B	U	D	N	H	D	E	O	E	J	L	G	U	T
A	Z	Z	R	X	A	R	C	J	N	O	P	C	T	V

ANGLES	COUGHS	HAMISH	REARED
ANTONY	CRUSTY	METRIC	SKILLS
APACHE	DEPLOY	OSHAWA	STARRY
BEETLE	DURBAN	RAPING	TULIPS
COFFIN	ETCHED	REALME	VIAGRA

CHRISTMAS WORD SAERCH

PUZZLE 29

```
K T J S P I L L S O T C G I D
S E I F R E T T O P R A P M B
D M O R M W K T B N N B R B O
E L H G D R A W N I Q H I U L
L E I R U A L P Q B B K Z E M
L H V Q S U L E A S E D E D Z
I S J G A T G J T V P B S H D
M E L E C W I S B D T H P X E
V U O M B Z A L C U R W S O K
D F S T P O Y K L O F K H V N
E X B U W E W D E S T F K P I
T B R N K I R I J N K T E O L
A K K C R E M A L I C E S R R
R W O A T E D P E L V I C N O
G H U S C O O P S D Z C G I R
```

AWAKEN	IMBUED	MALICE	PRIZES
BUFFER	INWARD	MILLED	SCOOPS
GRATED	LAURIE	NUTMEG	SCOTTS
HELMET	LEASED	PELVIC	SPILLS
HOCKEY	LINKED	POTTER	STILLS

CHRISTMAS WORD SAERCH

PUZZLE 30

```
X  S  T  I  C  K  S  S  T  R  A  N  D  E  R
M  P  D  K  I  R  S  T  Y  V  O  H  N  G  D
L  B  G  N  I  V  I  L  I  K  A  P  P  N  W
Y  H  E  P  F  P  J  O  N  G  S  D  A  I  K
S  R  V  R  U  L  O  F  G  W  N  U  T  Y  T
A  E  F  P  O  D  A  D  L  S  A  R  T  R  H
E  D  A  F  O  U  A  R  I  O  G  I  O  F  S
N  I  G  S  U  E  C  E  S  Z  R  N  N  Z  O
U  L  C  B  S  A  L  Q  N  O  O  G  C  M  S
Y  G  S  Z  T  E  D  F  H  N  N  Q  U  U  E
T  Z  M  H  R  H  T  J  V  V  A  Z  Q  B  K
R  H  A  D  D  A  D  S  D  J  Z  E  X  K  O
I  Y  E  P  H  R  U  X  U  L  E  N  J  L  M
H  L  E  G  G  E  D  C  E  X  N  Q  W  O  S
T  P  Q  F  G  S  S  H  O  W  E  D  B  O  W
```

ASSETS	INGLIS	LIVING	SMOKES
CATHAY	JEANNE	MUZZLE	STICKS
DURING	KIRSTY	ORGANS	STRAND
FRYING	LARSON	PATTON	THIRTY
GLIDER	LEGGED	SHOWED	UNEASY

CHRISTMAS WORD SAERCH

PUZZLE 31

```
I  Z  F  J  W  N  L  E  O  E  L  V  O  S  S
N  S  Z  H  S  F  P  E  R  I  B  B  O  N  C
T  P  N  A  V  Z  G  U  N  A  U  J  H  R  U
E  U  P  A  M  M  Q  R  Z  O  B  L  T  V  G
R  T  K  O  T  A  Z  J  R  T  I  S  M  H  R
N  E  P  R  E  C  Z  E  W  S  Z  L  A  S  A
Q  S  N  L  A  T  H  E  A  E  T  K  K  T  Z
S  D  S  C  J  M  R  W  D  V  A  A  E  O  E
M  S  E  J  O  I  E  Y  W  O  C  R  R  P  D
E  H  S  G  Z  N  J  R  J  L  K  R  S  E  P
R  A  A  T  G  E  T  R  H  C  L  E  V  D  X
C  U  E  V  G  W  U  R  M  N  E  S  C  Q  N
E  N  C  J  K  D  Q  E  A  H  B  T  I  A  B
R  A  U  L  C  R  E  Z  I  F  P  V  Z  M  I
D  I  P  U  T  S  C  M  P  Q  R  B  E  P  T
```

AMAZED	DEPOTS	MERCER	SETUPS
ARREST	GRAZED	PFIZER	SHAUNA
CEASES	INTERN	POETRY	SNATCH
CLOVES	LIONEL	REMARK	STUPID
CONTRA	MAKERS	RIBBON	TACKLE

CHRISTMAS WORD SAERCH

PUZZLE 32

```
X  S  Y  L  R  A  E  N  T  E  L  U  G  U  F
V  H  S  E  O  Z  D  P  U  T  N  A  M  D  G
F  O  N  L  I  F  L  A  M  O  N  T  B  R  Q
H  C  I  B  T  D  E  K  N  A  R  K  N  T  A
D  K  G  A  M  C  N  I  L  P  O  J  D  X  I
C  S  E  N  V  F  Q  I  R  T  N  K  P  F  W
O  V  B  E  B  X  S  D  I  N  N  E  R  E  A
F  U  C  G  B  J  U  P  Z  D  G  B  O  A  R
F  E  T  W  J  D  C  B  V  A  N  U  P  S  A
O  M  N  F  M  P  A  U  G  B  O  Z  E  T  B
L  C  C  C  I  A  B  R  U  S  S  H  N  S  I
A  X  S  O  E  T  A  I  U  U  S  O  E  P  A
T  O  B  M  L  D  B  P  F  R  E  U  R  F  M
E  I  G  E  T  J  X  I  P  D  L  W  S  U  K
P  Q  D  Q  Q  X  N  O  V  I  C  E  A  X  E
```

ABACUS	ENABLE	LAMONT	OUTFIT
ABSURD	FEASTS	LESSON	PUTNAM
ARABIA	FENCED	NEARLY	RANKED
BEGINS	FOLATE	NOVICE	SHOCKS
DINNER	JOPLIN	OPENER	TELUGU

CHRISTMAS WORD SAERCH

PUZZLE 33

```
B P R C Q W I L G R J A L O L
G M C E T A T O R L E N D X D
D O L D U S T E D P O K L H T
H T V V S H K Z T M M O C V X
N S L M E U R I M M S S M O U
Q U J N G H V O A E M B T Y D
L C T M R I C C R K R H S A Z
H C A V A Z R N E E F H H B T
M I Q J B A E V B W A M C J N
A D F H F G L A T B L U N F O
H F B T G O T M B M L X U M P
L Z Y I V E O Y P P E U A K P
U L S E T I R W M F N T L X I
F P R E J B M T O S S E D A N
C R O W D S Z S O A K E D W U
```

BARGES	DOCKER	GENRES	ROTATE
COMMON	DUSTED	GLOOMY	SHABBY
CRAFTY	EVOLVE	LAUNCH	SOAKED
CROWDS	FALLEN	NIPPON	TOSSED
CUSTOM	FULHAM	REBATE	WRITES

CHRISTMAS WORD SAERCH

PUZZLE 34

V	D	F	H	G	A	E	G	W	F	D	J	U	I	R
V	W	E	S	G	K	L	T	N	W	Q	S	X	B	E
S	U	K	G	X	F	J	A	O	A	C	S	R	C	L
F	R	A	U	N	T	I	E	S	M	G	P	K	Z	L
R	V	A	G	L	I	G	J	I	E	E	E	P	X	O
B	H	Y	G	R	D	T	L	A	T	R	R	E	D	R
M	T	R	H	U	A	P	K	N	V	E	S	P	K	O
A	R	U	J	X	S	D	A	H	S	D	V	L	C	X
L	P	X	N	M	Q	Y	E	A	W	F	P	B	F	M
O	A	U	O	S	R	K	R	D	M	A	H	R	U	D
N	Y	L	S	B	M	F	O	J	S	L	E	N	A	P
E	D	L	R	P	D	J	D	E	R	E	I	T	J	E
B	A	C	A	U	N	B	O	R	N	H	K	K	N	X
C	Y	E	L	E	S	T	N	U	A	H	T	V	X	Z
J	C	V	A	S	Y	E	L	L	A	Q	R	O	O	B

ALLEYS	GRADED	LUXURY	ROLLER
AUNTIE	HAUNTS	MALONE	SUGARS
BRYANT	KEEGAN	PANELS	TIERED
DURHAM	LARSON	PAYDAY	TINGED
FRASER	LASERS	REMOTE	UNBORN

CHRISTMAS WORD SAERCH

PUZZLE 35

```
Y L E R A R I V S E C U A S O
N G N X D K X E U N E V A M T
E C A U G H T O S R E K I H F
E I D K D I G A T S B A O A I
X M V W Q O P I O J N S N C L
I P P Y Q V R X R P E S B E P
S O L A K I A S I O B Y C Z U
T R P W E R W D E F D L X A G
S T A D L A N N S Y V A P R N
B O Y E P I S I I F E D T E I
B J I M U D C C H O P R A C V
N Q N H O E R H J Z J F W I I
L C G O C D F E R P F P B T D
M M E K N U J S D H E B J N E
C C H S K T Z L E C M P Q E Z
```

ALYSSA	DIVING	IMPORT	RAIDED
AVENUE	DORSEY	MEDWAY	RARELY
CAUGHT	ENTICE	NICHES	SAUCES
CHOPRA	EXISTS	PAYING	TORIES
COUPLE	HIKERS	PRAWNS	UPLIFT

CHRISTMAS WORD SAERCH

PUZZLE 36

R	D	N	A	S	C	A	R	A	T	X	X	Z	V	C
E	M	R	S	R	E	D	N	I	K	C	M	S	E	A
S	D	S	C	O	H	O	R	T	O	D	I	F	V	T
A	M	G	O	V	E	R	N	F	Q	R	S	P	C	T
E	I	P	S	M	B	L	Y	L	E	G	U	H	E	X
T	S	X	D	C	L	Q	G	W	G	M	G	L	Z	D
T	E	K	U	S	I	P	E	A	R	C	E	P	D	S
D	R	K	Q	V	B	H	A	I	L	A	U	X	E	S
N	Y	L	K	W	A	R	T	C	L	E	R	G	Y	U
A	H	B	R	W	T	O	D	E	A	O	Q	A	N	X
R	N	O	T	N	E	B	F	N	A	A	N	A	C	R
B	A	N	A	S	T	Z	F	N	O	T	S	A	G	E
G	K	M	I	N	T	G	U	Q	M	U	I	R	T	A
L	C	T	N	V	K	K	W	S	U	B	W	A	Y	Z
S	C	R	G	T	M	S	U	M	M	U	H	V	G	R

ATRIUM	COHORT	HUGELY	NASCAR
BENTON	DEPICT	HUMMUS	PEARCE
BRANDT	ETHICS	KINDER	SEXUAL
CANAAN	GASTON	MANTRA	SUBWAY
CLERGY	GOVERN	MISERY	TEASER

SOLUTIONS CHRISTMAS WORD SEARCH

PUZZLE 1 (Solution)

```
E H T A R T A N Q T V B D S P
B C W A G L F X V V R R D G S
T I D E G D U J B U E G Q U T
H U Y L N E E K T F K D F U I
E E X K I E Q A F K V Q K S B
F L R E D Z L I P V M N O D R
T B L E D E D E D E T S O H O
S A J E W I F T S O F O E X D
C I Q G S O S I N W T E G G Z
T V T A J I H E E E X C V H I
C A U S A L Z S B D C G K C P
S T N I O J D X T V A E I T P
T Q T H X P S U S N E C D U E
X A F U S D N U O P P B T L D
K N G I S E D H B M H Q X C O
```

PUZZLE 2 (Solution)

```
D M G O P V R A L M O N D D C
D I P Q I V Q N V U J V E N T
E X R R N O B E Z A G U R S B
P I O A Y D E H S U R V D L N
P N V S N A T S E D L O D L N
O G E P E S D M U F F L E E N
P N S E P E B N F X U O D M A
L R T C H V Q U U J F A V S I
X A D T E V X B O S T I M E R
T G D L W S N O R U E N C D A
Q D R D D S D K H R O E H V M
L S T R E L A A O N E E D N W
E E C Q N R N P N L D H S X R
F C C K M D H E F M W H G Q K
M N S U P P L E I E L B A N U
```

PUZZLE 3 (Solution)

```
P S G W N W C C D T O N U S X
V N R R A T P L I X E O S S L
L S E E E J A K I T R J A P Z
Q L S T C M U I D Z L C K B I
J O B R D O A R R S Z A G N T
N W I A E C R I O O I B R I
E E K U V I A G N E L C E C D
D D E M O N A E H N S G I K I
R G R A U R A D O K G J E A B
A C S B R N E D E T A W A N C
H E E F E H K L F N S T I X W
M B A R T E R N D A T E L I G
M Y E V R A H Z B D C A N Z K
X S W J C R A V E N A I L O H
G J X J P L W V C Z H P D B H
```

PUZZLE 4 (Solution)

```
S C I D E M M I U A H K E N F
C E S O P P O A H K A F M S J
U J S B X J A W O P I N E D O
P S L P N S C L N F S H L W P
H W E S U O E C O E O K G O N
E Q D M P L V P A N J U A H K
L W O Y A X S I A E S D E E G
D Z M P C L N E A R S O B A P
L F X P I M F L S P D A F L D
K N B A J J X A E W P X R E I
T K G R H T S R E V O M F R O
J Z U C M T M A B S E N T F I
E K J A P Z Z E S L A Y O R P
L E C O K B I L L E D W R O
C I C E R O B F C K T I K C P
```

SOLUTIONS CHRISTMAS WORD SEARCH

PUZZLE 5 (Solution)

```
J X U L A Y E R S E T H I L N
H G S N R P W J R W N X X I O
L A S P F L O R E S E A S G S
E N U P I C C W D P V N I R N
V T C R S L C C B O I A M M O
R R R E P E E O E G H K C V M
A Y I G L W T R H B R U R E A
M T C A I A X T H O R Z M S L
O J M M B N P H E R R C L R C
P G A I L M F U A V F T D R V
E A R C A T U N R E L N U V I
R V G T I Q E B N D A S F L P
A M O S R G H T V L T A K I Q
S Z T E E U L O N Y K I A A C
G E X I A P U I W B K L G V H
```

PUZZLE 6 (Solution)

```
R T S D N E L B I R U F R A D
K L R W I P X N O S C U T D S
Q E X S E N S O R R M R R Q U
T L D G L H I N K N X Z E W M
G A A V E C R H E I W K E H P
V C G N M E L B L S A D A L E
H H E N H E R X M A H H X P R
R U B C A R E A B T T O I J
Q E A H A A E D T C R N R M S
O P V S T V T X L T B Z E I U
A N T A I H E S S A Y S L R B
D F X E T F G J N R E S I A K
G A W J J C H I T U C K E R L
Z I B A C C O M W N X S C M H
O S E D A R T B C D P B M T S
```

PUZZLE 7 (Solution)

```
P S C G D L V O E L M S G X V
O D H X D P E R X E R F A K S
E E R V M H O M M O O N N M W
T V Z A V D N A M R W S D A S
R A J I E O L R O N L N E F N
Y H N D W I K T C O N I R L A
S S O L E A J Y A M E X S O J
D E L I M S R N I U S O T A T
T U R W Z J Y D V C R T R T E
J F A Q V L D O N U A O X L L
J S M E E J B H V A L Z L L U
M U V S N A M U H S X L I G
W K I Q O O R E R O C S B P U
E L G A E B S U S A A F G P K
Z C G I R S T R A N C E U X A
```

PUZZLE 8 (Solution)

```
F E U Y R D W O O J K S Y N I
G B N S A X Y M N A T E X G U
O W E M N S D E L R R C A H P
B O T U A M D U X B C N S C K
G M S I C P K H A C H P Q E T N U C
D E I C P K H A C H P Q E T C R
R N L E F F S O I J K S O T U
E S Q P F L N C S T R V T T M
D J S V I N U T B G A A E A B
I U T S E Q O R S Q C M D L S
A W Y R W L U Z R Q H E T S Z
R L L E E E F E O Y E Z B E L
D W E V V K C X D R L C M V E
Q Q A W W H M V G R E N I H
P H G S C N S P I R I T S B W
```

SOLUTIONS CHRISTMAS WORD SEARCH

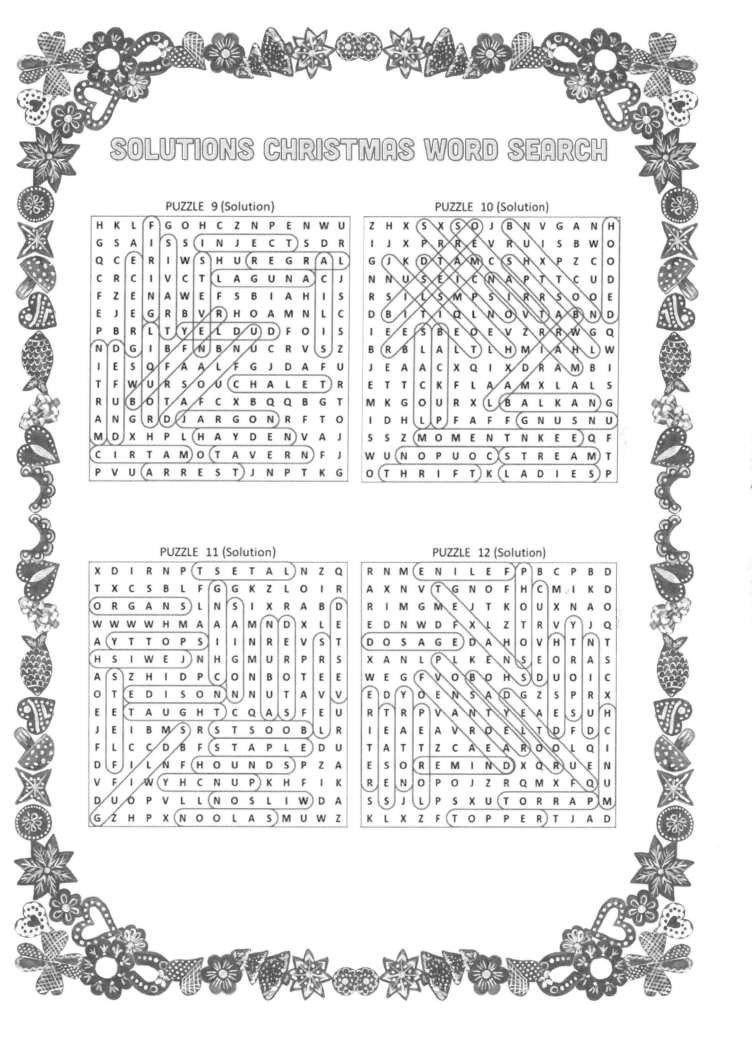

PUZZLE 9 (Solution)

PUZZLE 10 (Solution)

PUZZLE 11 (Solution)

PUZZLE 12 (Solution)

SOLUTIONS CHRISTMAS WORD SEARCH

PUZZLE 13 (Solution)

```
J S M K R C M L E S A E R G Q
R N W G L I U O R S D N U O P
D I V J N H L A U U U C S Z R
E G Q A L C Y K T F N Q W S C
S E T H L G S B O A H B E E D
S B S O J S A R H U C U D X I
I F S V E C M F H A V Y E M W
K E O L X A A S U U A E S X D
R K N X T C E S P J N V Z W M
W U W F I H E F N S C T R W J
R G O N S D E A S N R A E L B
A W G I L O S E R S T T S D S
I T F P T D U S T E D G U U W
B C F U V H T C I R T S B Z X
V P E V O H A P P E N H A N C
```

PUZZLE 14 (Solution)

```
K N H A R K S C S C R A P S A
R I Z C O S K H V T S D B F S
O L C T J L K T K T S L Q L W
W L S I M V C C U B N E A Z O
E O X N L H A T I F Q V N E X
R C W G A Z E D R N E Q S R T
Z M T N S I G E J S K U H R E
C R T E U T E V K U C M H O X
E S D K I L U R H C S U X C J
W E N M Y C E O A M M T P K O
V E R Z D T C C Q S E P R E H
G E V Q S N T O R T S I B R E
H G P U A E I D R P P Q F Q T
B A C L P T T R E W E I V Z I
L P B T P W W H J E L G G U J
```

PUZZLE 15 (Solution)

```
U Z S T A A Z I S Z I C I F F
C P L Q S T D S N R M J O E I
O R E C T O R L E K O E F R N
A T E L A W B L A S R N A B B
T E P R R A S I R C L C O I F
E N Y Y A N T P B N I A W H C
S D O N H T O S Y A N X T J X
U E K O B E O V L R S B X E O
C R G L M D H X B F F P T D M
N U R E Z N S Y R I L F X V E
A I O F T Z A G O D E K O O C
B U L K R D T P M O C K E D G
X L K R N C Y C L I C G O L F
U Q W O E M M D L E B J Z N C
Q C M K C B B F C O O K E D Q
```

PUZZLE 16 (Solution)

```
K J D I H C L E R K S K D G P
V S L S K A B O S S E S R R C
H U X L J G Y V J W J Q J C S
P T S E L O W D E K U G A Y R
K A E T S R Q W E C C R I P E
W I G O T G I R L N L E U A S
D H D H R E X E E O L V A T O
T H U N O S N M S D Q G J I L
N U J Q H Q A L S E E O Z R P
B S K M S P J V E P Q E X I O
T T T E T H O R N S M F N Z
B K O D R J L E T Z S V B G O
V C R N V R E T A K E E Z B C
L B C A J T C O U G H S V R D
N U N T R U E B N S E N A R C
```

SOLUTIONS CHRISTMAS WORD SEARCH

PUZZLE 17 (Solution)

```
N O T I R T K T I O N E B N X
W F R L U F Y O J K N L R A Y
D Q R D E G G I R U G D V O O
L E P S O G Z S T R I D E F B
R N P D A G E N C Y J J N R W
H T J M I Q D L R E I U A R O
G H E S N W N J K S I V O L C
U R U T T Q S E Q O G O V P I
O E E R E N C S T H G U O S N
L A K A N V G E V I U L J W I
P D F T T E G W T S E D I W V
T E M A V D D E K X V Q R F R
R A G L U V A I C E P E E A A
O T Z B I Y C N U O B Q O O M
J K T S E S A E C P O J K U V
```

PUZZLE 18 (Solution)

```
X G L O I R L I S S O F E E W
O P N U T Q E C N P Q O N S I
P M T T G P I E O L L B Q T L
M U J S I N O J T U W M R S O
Y R C E F E X K Y G A S S O H
T V Y T V W Y D A I R W A H D
I N C V E B G I D N P H K S L
N M L E R I E G B S S E C E R
A D E U S E N C L A S S Y T E
V E S J E A I P S E R E N A M
C B K U S U R W G X D G T U P
J B P L W S B W R E N N U R I
K O H N U J S E V O L G M N E
L R H U B V Z F R U O N O H S
M N L L K V M D I H S A R Q E
```

PUZZLE 19 (Solution)

```
H A K N L P I L I N G S A I G
Y L N E E K S A B G M T O C H
S S U B M I T G B R P I H L D
M I L S U M K R I K W A A L A
V Z M T T F G E R J D R Y I R
B L O C K S F G D G I T L R R
E J Z E F T P G I R H O T E H
H U Q I H O L I E U I W N R M
F E Q E S T N B X N N I U F O
M J O T N S E L A R O D H J C
V R E A F G E D L E T O O H T
Y D R A S Y L Z H P W W M U O
U Y T P S X I R M M E S S S D
T X E K N A E N V A N V G H K
M E A M E Z C E G D H I S T J
```

PUZZLE 20 (Solution)

```
D S N H W O A B T K U X N Y C
S D E I U O F A V U T D T E I
F E S V C O W N Y X E M O N N
Q N T T O F K T E D R W N M O
A M A A S R Z E R F U E N O C
U A F I L E P R O N S M A R I
U D Z A V P G L T I X W C M L
X R E T S I L N S R I H S A B
S B O T H E R V I I D U U X X
R W O O K D E C A D E I T U H
U F B M K D E T T U G B I D H
F O R I G I N V U D E L E E P
U T T A J G X B D H T B A N L
R R T L G G L O B E S T G I T
R O T C O D O J S C O T C H L
```

SOLUTIONS CHRISTMAS WORD SEARCH

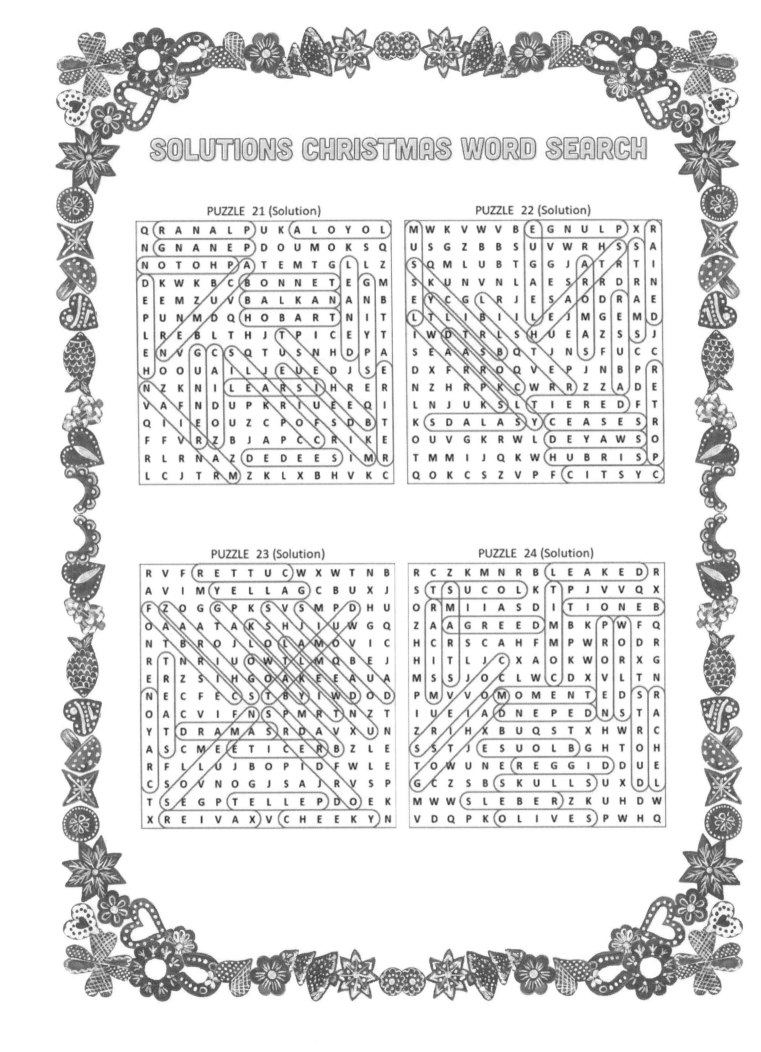

PUZZLE 21 (Solution)

PUZZLE 22 (Solution)

PUZZLE 23 (Solution)

PUZZLE 24 (Solution)

SOLUTIONS CHRISTMAS WORD SEARCH

PUZZLE 25 (Solution)

```
Y R A L I H M A R R E D J H K
E T A N O D P A E R O A D P Q
G S M V E X W X X J T Y E R I
L L N C A V D V I V I R Z O E
S E I D R R H T I D N O L M S
S G S D A G R A E A B M X P N
M O P S E O C E E K G E A T E
Y T L A E R R T I U R M H E S
X M B U D V A B B S E A B E M
K T Y O U R A N A R C V M T L
R L G R I U O H U S T O N C L
L R N P T T N G D E G N I W E
G W D S O L A X D B D S T S W
P J H H I L E A F C J T I K O
R W P I C T H R I F T T O Q P
```

PUZZLE 26 (Solution)

```
N C N A O H A U B U J U D J A
R S B J R E I G B S Q K I T S
R E E U X E N H C R E W V V L
A E R N D E H C A C L D G L A
V I T E S A C T O J J N A L E
I N H A C T U F A Q I M V P T
N G A D E T Q H L L O Q N W S
G Z K N N X U I I N F L A Q C
A G N E A O N P T H D D M G S
W O M F L C Y L L N M J H N E
B A T I O S O S W A L D A I V
L G V M M W P Q A V F R P L L
V E E I Q P F M Z K V O L I A
R X L J B H N U C L E I X W V
N F N F Z N O S B O D F F H I
```

PUZZLE 27 (Solution)

```
J K F I P D B R U S S I A O E
T B D O O G S I N F A N T J R
J B X D G T N O I N J U R Y S
O D G G U N A M H E L W Y X R
W E Y N C O N W A Y Z V D E C
R Y D L Z G V U I S O F B P X
F R L S R M S X I O E U Q Z S
A U S E U E T Q R K K R F K S
Y T R N P V G R E N R D N N S
E T F H E O M O J M E F P N F
L A F Q C D L A L T D Q X W A
R P U V T G R B C M D N O N D
A F E L L O W O U R E N N I S
H T R U T D M U L L E R O F L
G N I Y R F V G S E I G G E R
```

PUZZLE 28 (Solution)

```
A N Y R R A T S Q O X L W W W
C Q C O F F I N C H C K K A I
C I R T E M O C C R U S T Y R
B E S Q R F R E A L M E W B K
H L T M M I J A P A C H E S V
Q C W K D E H C T E X K K I R
S C D E L T E E B S Z I A E A
H E G E O S H A W A L G T K P
H O L L P V B K L R N W X I N
Y S I G S L P K S A A D S N P
L N I G N K O V C B E H E P N
Q E O M E A D Y R R G G D I H
T O V T A V U U A U B D F L T
G B U D N H D E O E J L G U T
A Z Z R X A R C J N O P C T V
```

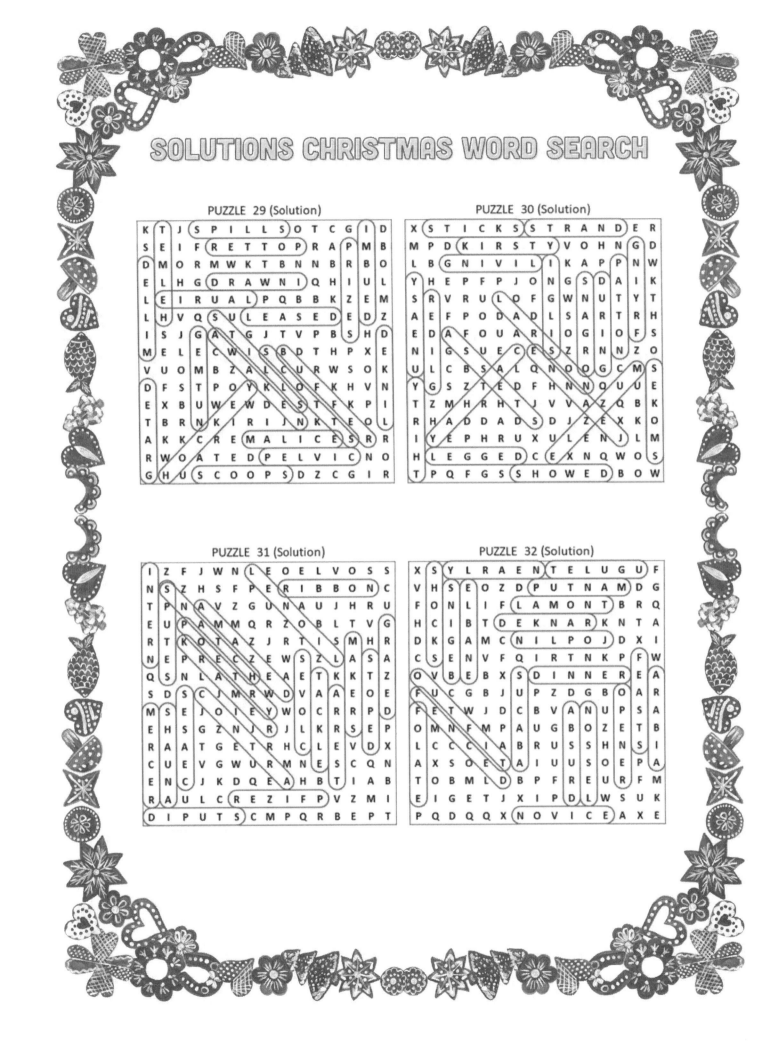

SOLUTIONS CHRISTMAS WORD SEARCH

PUZZLE 29 (Solution)

```
K T J S P I L L S O T C G I D
S E I F R E T T O P R A P M B
D M O R M W K T B N N B R B O
E L H G D R A W N I Q H I U L
L E I R U A L P Q B K Z E M M
L H V Q S U L E A S E D E D Z
I S J G A T G J T V P B S H D
M E L E C W I S B D T H P X E
V U O M B Z A L C U R W S O K
D F S T P O Y K L O F K H V N
E X B U W E W D E S T F K P I
T A B R N K I R I J N K T E O L
A K K C R E M A L I C E S R R
R W O A T E D P E L V I C N O
G H U S C O O P S D Z C G I R
```

PUZZLE 30 (Solution)

```
X S T I C K S S T R A N D E R
M P D K I R S T Y V O H N G D
L B G N I V I L I K A P P N W
Y H E P F P J O N G S D A I K
S A R V R U L O F G W N U T T H
A E F P O D A D L S A R T T O
E D A F O U A R I O G I O F S
N I G S U E C E S Z R N N Z O
U L C B S A L Q N O O G C M S
Y G S Z T E D F H N N Q U U E
T Z M H R H T J V V A Z Q B K
R H A D D A D S D J Z E X K O
I Y E P H R U X U L E N J L M
H L E G G E D C E X N Q W O S
T P Q F G S S H O W E D B O W
```

PUZZLE 31 (Solution)

```
I Z F J W N L E O E L V O S S
N S Z H S F P E R I B B O N C
T P N A V Z G U N A U J H R U
E U P A M M Q R Z O B L T V G
R T E K O T A Z J R T I S M H R
N S P R E C Z E W S Z L A S A Z
Q S N L A T H E A E T K K T Z
S D S C J M R W D V A A E O E
M S E J O I E Y W O C R R P D
E H A S G Z N J R J L K R S E P
R A A T G E T R H C L E V D X
C U E V G W U R M N E S C Q N
E N C J K D Q E A H B T I A B
R A U L C R E Z I F P V Z M I
D I P U T S C M P Q R B E P T
```

PUZZLE 32 (Solution)

```
X S Y L R A E N T E L U G U F
V H S E O Z D P U T N A M D G
F O N L I F L A M O N T B R Q
H C I B T D E K N A R K N T A
D K G A M C N I L P O J D X I
C S E N V F Q I R T N K P F W
O V B E B X S D I N N E R E A
F U C G B J U P Z D G B O A R
F E T W J D C B V A N U P S A B
O M N F M P A U G B O Z E N T I
L C C I A B R U S S H N E S L
A X S O E T A I U U R E P A
T O B M L D B P F R E U R F M
E I G E T J X I P D L W S U K
P Q D Q Q X N O V I C E A X E
```

SOLUTIONS CHRISTMAS WORD SEARCH

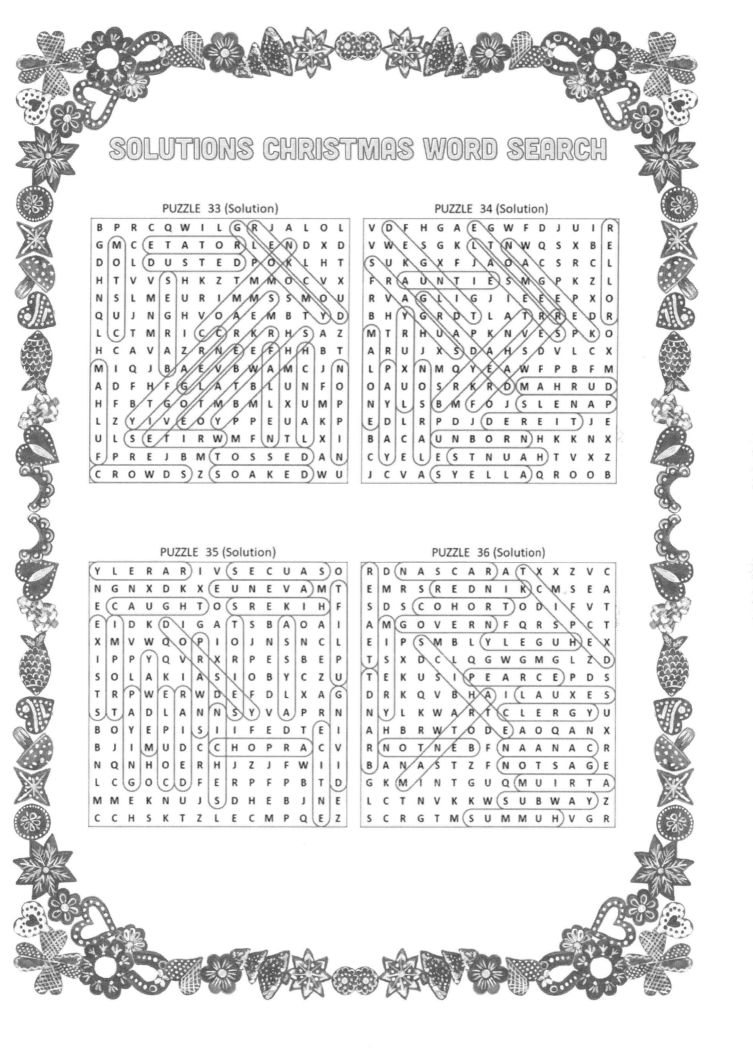

PUZZLE 33 (Solution)

PUZZLE 34 (Solution)

PUZZLE 35 (Solution)

PUZZLE 36 (Solution)

Made in the USA
Monee, IL
12 December 2022